L'ABBÉ GRÉGOIRE

JUGÉ PAR LUI-MÊME.

QUESTION

IMPORTANTE

ET FACILE A RÉSOUDRE :

L'abbé GRÉGOIRE fut-il un des auteurs de la mort de LOUIS XVI, et doit-il être regardé comme véritablement coupable de ce forfait ? *Tolle et lege*. Prenez et lisez.

OPINION du Citoyen GRÉGOIRE, Député du département du Loir-et-Cher à la Convention, concernant le jugement de Louis XVI, séance du 15 novembre 1792, imprimée par ordre de la Convention.

« IL y a seize mois aujourd'hui qu'à cette tribune j'ai prouvé que Louis XVI pouvait être mis en jugement ; j'avais l'honneur *de figurer* dans la classe peu nombreuse de patriotes qui luttaient, mais avec désavantage, contre *la masse de brigands de l'Assemblée constituante ;* des huées furent le prix de mon courage. Citoyens, je viens plaider la même cause. « Ne fût-ce que pour la gloire de figurer encore ; premier et principal motif de toutes mes actions, je lui ai sacrifié tout autre sentiment: cette petite et ridicule passion explique toute ma conduite dans les circonstances les plus graves. » (1)

» La question de l'inviolabilité du Roi fut vivement débattue à l'Assemblée constituante. Elle eut pour partisans *tous ces êtres vils* qui, prostituant le caractère auguste de Législateurs, lui avaient substitué celui de *valets de la Cour* (2).

» Le Rapporteur du Comité voulant appeler des faits à l'appui de ses raisonnemens, a cité quelques exemples de rois déposés; l'histoire pouvait lui en fournir un plus grand nombre : Conrad, roi des Romains, l'empereur Henry II, l'empereur Adolphe, le roi Venceslas, Christiern II de Dannemarck, et beaucoup d'autres ont vu leurs trônes s'écrouler à la voix des Nations : mais ces faits, pour la plupart, ne prouvent rien dans la question dont il s'agit (3).

____

(1) Depuis seize mois, l'abbé Grégoire attendait, avec impatience sans doute, le moment de mettre son Roi en jugement, et s'efforçait de prouver qu'il en avait le droit. Quelle jouissance pour lui de le voir arriver enfin, et avec quel empressement il le saisit !

(2) Admirez les moyens honnêtes par lesquels Grégoire et ses pareils, conjurés contre le trône, appelaient la défaveur sur les défenseurs de la prérogative royale, et disposaient ou plutôt façonnaient à la révolte un peuple auquel il reproche *d'être toujours enclin à l'idolatrie de la royauté.*

(3) Pourquoi donc les rappeler ici, ces faits étrangers à la question ? Pourquoi ? c'est que l'habile tacticien dans l'art des révolutions, le profond moraliste Grégoire savait quelle est la force de l'exemple à l'appui des sophismes, pour engager et déterminer les scélérats et les ames faibles

» Un parjure, une trahison, un meurtre sont des actions royales quant au fait et d'après *les habitudes féroces de cette classe d'hommes que l'on appelle rois :* quant au droit, ces crimes rentrent dans la classe des délits privés.

» *La royauté fut toujours pour moi un objet d'horreur :* mais Louis XVI a tant fait pour obtenir le mépris, qu'il n'y a plus de place à la haine.........

» Quand, désertant de son poste, Louis XVI s'enfuit à Varennes, il laissa une protestation, dans laquelle il déclare vicieuse la forme de notre gouvernement, et la constitution de 1791 impossible à exécuter. Or cette protestation, qui est une véritable abdication, fut toujours la règle de sa conduite : trouvez une seule époque de sa vie politique *où il ait été de bonne foi ;* reportez-vous aux premiers temps de l'Assemblée constituante, lorsque *les satellites du despotisme* se pressaient autour d'elle à Versailles ; lorsque, dans une séance royale, *le tyran venait dicter des volontés arbitraires* (1).

---

aux plus grands crimes ; et il n'a pas craint d'attacher à son nom l'ignominie d'en avoir fourni une nouvelle preuve.

(1) Est-ce de bonne foi que Grégoire qualifie de volontés arbitraires les concessions généreuses et bienfaisantes, et les sacrifices conciliatoires que Louis XVI, par amour pour la paix, et pour prévenir les malheurs affreux qui menaçaient la Nation, faisait à son peuple dans sa déclaration du 23 juin, qui, à l'instant où elle fut connue, excita, dans toutes les Provinces de son Royaume, l'enthousiasme de la plus vive reconnaissance? Malheureusement les conspirateurs en pressentirent et parvinrent à en empêcher les heureux effets, à force de calomnier les bonnes intentions du Roi.

(4)

» Suivez Louis depuis cet instant jusqu'au 10 août ; rappelez-vous *toutes ses perfidies*, et voyez s'il n'a pas réduit l'art de la contre-révolution en système, et *s'il ne fut pas toujours le chef des conspirateurs.*

» Aux termes de la constitution, en rétractant son serment, il est censé avoir abdiqué : et quel homme s'est joué avec plus d'effronterie de la foi des sermens? C'est dans cette enceinte, que je disais aux Législateurs : Il jurera tout, et ne tiendra rien. Quelle prédiction fut jamais mieux accomplie (1) ?

» Ce digne successeur de Louis XI venait, sans y être invité, dire à l'Assemblée que les ennemis les plus dangereux de l'Etat, étaient ceux qui répandaient des doutes sur sa loyauté ; il rentrait ensuite dans *son tripot monarchique, dans ce château qui était le repaire de tous les crimes ; il allait avec Jézabel, avec sa cour, combiner et mûrir tous les genres de perfidie. Graces à Louis XVI et aux émigrés, plus que jamais l'Univers saura ce que valent la parole d'un Roi et la foi d'un gentilhomme* (2).

----

(1) Esprit infernal? en calomniant jusqu'aux intentions, jusqu'aux actions à venir, tu voulais dès-lors enfoncer le poignard dans le sein de ton Roi ; et ce jour n'était pour toi que le 21 Janvier, par anticipation, dont tu t'efforçais d'accélérer l'époque désastreuse et à jamais, exécrable, craignant de ne pas la voir arriver assez tôt, pour assouvir ta rage, et combler les vœux impies de ton cœur parricide.

(2) Comme ce rapprochement de Louis XI et de Jézabel est astucieusement perfide et profondément méchant et atroce ! Grégoire eût voulu en un jour, dans la même séance, faire assassiner son Roi, son auguste épouse, fille

» Et moi aussi (1) je réprouve la peine de mort : il suffit à la société , que le coupable ne puisse plus nuire. Assimilé en tout aux autres

---

d'une race chérie, digne d'être alliée à celle de Henri IV ; et il ose prétendre à être absous, par un seul Français, de la mort de Louis XVI !

Grégoire était absent lors de la séance du 19 Janvier, où se fit l'appel nominal des membres de la Convention, pour voter sur la question : « Quelle sera la peine de » Louis, déjà *déclaré coupable* de haute trahison et de » conspiration contre la Nation » ? Il était absent ! oui ; mais son esprit animait la Convention, et la haine du Roi et de la royauté dont il avait enflammé les cœurs impurs de ses dignes collègues, dictait en son nom, par leur organe, l'arrêt de sa mort.

Grégoire, absent, ne vota point la mort de Louis XVI à la séance du 19 Janvier ; mais, de concert avec les députés Jagot, Hérault-Séchelles et Simond, envoyés avec lui en Savoie, pour organiser ce pays sous le nom de département du Mont-Blanc, il adressait à la Convention la lettre suivante :

« Nous apprenons , par les papiers publics, que la Con- » vention nationale doit prononcer incessamment sur Louis » Capet. *Privés* de prendre part à vos délibérations, mais » instruits par une lecture réfléchie des pièces imprimées » et par la connaissance que chacun de nous avait acquise » depuis long-temps des *trahisons non interrompues de* » *ce roi parjure*, nous croyons que c'est un devoir pour » tous les Députés d'annoncer leur opinion publiquement, » et que ce serait une lâcheté de profiter de notre éloigne- » ment, pour nous soustraire à cette obligation. *Nous dé-* » *clarons donc que notre vœu est pour la condamnation* » *de Louis Capet par la Convention nationale, sans* » *appel au peuple :* nous proférons ce vœu dans la plus » intime conviction, à cette distance des agitations où la » vérité se montre sans mélange, et dans le voisinage du » *tyran* piémontais. » S. JAGOT, GRÉGOIRE, HÉRAULT, SIMOND.

(1) L'abbé Grégoire croit tirer un grand avantage pour

criminels, Louis Capet partagera le bienfait de
la loi. Si vous abrogez la peine de mort, vous le
condamnerez alors à l'existence, afin que l'*hor-*
reur de ses forfaits l'assiége sans cesse et le
poursuive dans le silence de la solitude.... Mais
le repentir est-il fait pour des Rois (1)? L'histoire qui burinera ses crimes, pourra le peindre

---

justification de ce qu'il a fait effacer, dans cette lettre,
les mots *à la mort*, et de ce que, dans ce discours même
du 15 Novembre, il avait *demandé* que la peine de mort
fût abolie, et que le Roi, étant le premier à jouir du béné-
fice de cette loi, fût condamné à l'existence.

Il est faux qu'il ait, ce jour-là, fait cette prétendue
motion. Mais, pour apprécier tout le mérite de son opinion en faveur de Louis XVI, nous rappellerons ici celle
de son digne collègue dans l'Episcopat et à la Convention,
l'illustre abbé Fauchet, qui par-tout rivalisa avec Grégoire, de zèle pour la Religion et pour la Patrie.

« La République française existe; elle triomphe de ses
» ennemis : donc le ci-devant Roi est jugé. Il a mérité
» plus que la mort : l'éternelle justice condamne le tyran
» déchu au long supplice de la vie. Conservons cet homme
» criminel qui fut Roi; qu'il serve long-temps d'exem-
» ple aux conspirateurs ; qu'il soit un témoignage vivant
» de l'exécration dévolue à la royauté. Nous dirons aux
» Nations : Voyez-vous cette espèce d'homme anthro-
» pophage, qui se faisait un jeu de nous dévorer ? c'était
» un Roi; il n'y avait point de loi qui eût prévu son délit :
» il passe les bornes de ce qu'il y a de plus horrible dans
» les crimes prévus par notre Code pénal ; mais la nature
» se venge des vices de notre législation, et lui inflige un
» supplice plus terrible que la mort. C'est ainsi que vous
» le donnerez, avec succès, en spectacle à l'Univers, en
» le plaçant sur un échafaud d'ignominie. »

Voilà le commentaire exact et fidèle du texte de Grégoire, qui *condamne Louis à l'existence.*

(1) Nouveau et pressant motif, pour que Louis XVI
n'échappe point à la mort. A chaque ligne, l'énergumène
vote son supplice.

d'un seul trait. Aux Tuileries, des milliers d'hommes étaient égorgés par son ordre. Il entendait le canon qui vomissait sur les citoyens le carnage et la mort; et là il mangeait, il digérait (1).

» Ses trahisons ont enfin amené notre délivrance.

» Législateurs, il importe au bonheur, à la liberté de l'espèce humaine que Louis soit jugé. L'Europe, en proie au brigandage de neuf ou dix familles, couverte encore de despotes et d'esclaves, retentit des gémissemens de ceux-ci, des scandales de ceux-là (2). Mais la raison approche de sa maturité; *elle sonne le canon d'alarme contre*

---

(1) C'est toi, misérable, qui t'es peint sous des couleurs aussi vraies qu'elles sont affreuses, en lançant un trait aussi abominable contre un Roi, qui, pour épargner le sang de ses sujets, celui même des plus vils et des plus coupables conspirateurs, a fait le sacrifice de son trône et de sa vie, et qui est mort martyr de son humanité et de son amour pour son peuple.

(2) Ces neuf ou dix familles embarrassent et inquiètent fort leur généreux rival, le souverain Grégoire II du nom. Pour s'en défaire, il ne trouve pas de moyen plus sûr, ni plus expéditif, que de les forcer *à descendre dans l'arène*, et à vider leurs querelles ou celles des peuples par des combats particuliers qui termineraient tout. Les illustres champions disparus, s'il pouvait renaître quelque motif ou prétexte de discussion et de guerre, s'il restait quelque germe de haine nationale, ou d'ambition, qui donnât lieu à des prétentions respectives, à des envahissemens de territoire, à des tentatives de monopoles........ Alors, sans doute, le citoyen Grégoire appellera en champ-clos les Nations en personnes ou en masses; et le combat fini, plus de guerre à craindre; la terre sera pour long-temps en repos. Honneur aux grandes conceptions de Grégoire, le plus doux, le plus pacifique des mortels.

les tyrans ; tous les bons esprits demandent à cette raison, à l'expérience, ce que sont des rois; et tous les monumens de l'histoire déposent que la royauté et la liberté sont comme les principes des Manichéens, dans une lutte éternelle ; que *les rois sont la classe d'hommes la plus immorale ;* que lors même qu'ils font un bien apparent, s'est pour s'autoriser à faire un mal réel ; que l'homme vertueux ne doit jamais les juger d'après son cœur ; que *cette classe d'êtres purulens fut toujours la lèpre des Gouvernemens et l'écume de l'espèce humaine.*

» Dans toutes les contrées de l'univers, ils ont imprimé leurs pas sanglans ; des millions d'hommes, des milliards d'hommes immolés à leurs querelles atroces, semblent, du silence des tombeaux, élever la voix et crier *vengeance !* L'impulsion est donnée à l'Europe attentive ; la lassitude des peuples est à son comble ; tous s'élancent vers la liberté ; *leur main terrible va s'appesantir sur leurs oppresseurs ;* il semble que les temps sont accomplis ; que le volcan va faire explosion et opérer la résurrection politique du globe (1).

» Qu'arriverait-il si, au moment où les peuples vont briser leurs fers, *vous assuriez l'impunité à Louis XVI?* L'Europe douterait si ce n'est pas pusillanimité de votre part ; les despotes saisiraient habilement ce moyen d'attacher encore quelque importance à *l'absurde maxime : qu'ils*

---

(1) Livré aux derniers excès de haine et de fureur contre le Roi, le monstre écume, se débat et croit prophétiser.

tiennent leur couronne de Dieu, d'égarer l'opinion et de river les fers des peuples, au moment
où les Peuples, prêts *à broyer ces monstres qui
se disputent les lambeaux des hommes*, allaient
prouver qu'ils tiennent leur liberté de Dieu et de
leurs sabres ; l'impunité d'un seul homme serait
un outrage à la justice, un attentat contre la
liberté universelle (1).

» Pour tous les actes postérieurs à son abdication, Louis est soumis à la loi. Il ne peut se
parer du bouclier de l'inviolabilité. Ouvrez cette
loi, et voyez ce qu'elle prononce contre ses
innombrables crimes (2).

» En jugeant Louis, vous obéirez à vos commettans, (Grég. calomnie ici la Nation française,
à laquelle, dans un autre accès de fureur jaco-
bine, il reproche d'être idolâtre de ses Rois et
de la royauté), à votre devoir ; vous travaille-
rez au bonheur des générations actuelles et des
hommes de l'avenir.

» Je conclus que Louis Capet peut et doit être
jugé..... Quand traduit à votre barre, il vous
aura présenté ses moyens, vous délibérerez sur

---

(1) Dernier moyen que l'orateur régicide croit propre
à engager à la consommation du plus grand des forfaits,
ceux de ses complices qu'il voit hésiter encore.
Les peuples vont prouver aux Rois qu'ils tiennent leur
liberté de leurs sabres ! spectacle agréable, jouissance
délicieuse dont Grégoire craignait de voir retarder le
moment heureux, au-devant duquel il se portait avec
tant d'ardeur, et dont il accélérait l'arrivée de tous ses
efforts et de tous ses moyens.

(2) Et ce furieux a l'audace de dire à la France, à toute
l'Europe, qu'il n'a pas provoqué la mort de Louis XVI !

la question préliminaire, *s'il est jugeable; et si* vous adoptez l'affirmative , *comme je l'espère*, vous chargerez alors votre Comité de législation de dresser l'acte d'accusation.

» Mais s'il est prouvé, et cela est incontestable, que toujours il fut et parjure et contre-révolutionnaire, dites-moi à quelle époque il a été Roi constitutionnel? Quoi! celui qui s'efforça sans cesse d'égarer l'opinion publique, d'avilir les Législateurs, de paralyser la volonté nationale, d'étouffer la liberté, de déchirer le sein de la Patrie, d'*affamer* et d'*égorger* un peuple qui avait accumulé les honneurs sur sa tête, qui économisait des deniers de misère pour l'assouvir ; cet homme eût été le roi d'un peuple généreux! Non ; *il n'en fut jamais que le bourreau ;* dès-lors il est pour nous un prisonnier de guerre ; il doit être traité comme un ennemi (1).

» J'évoque ici tous les martyrs de la liberté, victimes depuis trois ans : est-il un parent, un ami immolés sur la frontière, ou dans la journée du 10 août, qui n'ait eu le droit de traîner un cadavre aux pieds de Louis XVI, en lui disant : voilà ton ouvrage. Et cet homme ne serait pas jugeable! Législateurs, pourquoi donc êtes-vous

______

(1) Je ne puis cesser de le demander : parmi les plus forcenés Jacobins, en est-il un seul qui ait provoqué avec plus d'acharnement la condamnation du Roi? Et comment l'infame qui a vomi de tels blasphêmes, ose-t-il paraître aujourd'hui en présence de Louis XVIII, de la fille de Louis XVI, et du peuple français revenu de ses erreurs, et s'efforçant de les faire oublier par l'expression des plus vifs sentimens d'amour et de fidélité pour son légitime Souverain?

ici ? n'est-ce pas là un des objets essentiels de votre mission ? vos commettans ne vous ont-ils pas chargés de prononcer sur son sort ? et puisque Louis Capet est prisonnier, un jugement quelconque n'est-il pas nécessité par la nature des choses ? sous quelque aspect que vous envisagiez ses délits, *le Code pénal*, la Constitution et la nature vous le commandent.

» Cependant et moi aussi je réprouve la peine de mort, et, je l'espère, ce reste de barbarie disparaîtra de nos lois (1). »

Dès la séance du 21 septembre 1791, mémorable par l'abolition de la Royauté et l'établissement de la République, Quinette ayant dit : nous avons fait serment de combattre jusqu'à la mort les Rois et la royauté.... « Certainement, (reprend Grégoire), nous entendons bien que personne ne proposera jamais *l'institution la plus funeste aux peuples* ; nous savons bien que *les dynasties ne sont que des races dévorantes qui se nourrissent du sang des mortels*. Ainsi je crois qu'il est instant de déclarer l'abolition de la royauté, parce que le mot de *roi* est encore un talisman dont la force magique peut être le

____

(1) Remarquez l'hypocrisie philosophique du soi-disant philantrope Grégoire, le grand réparateur des injustices de la législation européenne, du droit public et privé, qui provoque l'application du Code pénal (prononçant la peine de mort) contre celui qu'il accuse de trahison, de perfidie et de conspiration envers la Nation qu'il s'est efforcé d'affamer, d'égorger, et dont il ne fut jamais que le bourreau, contre lequel une multitude de cadavres crient vengeance!..... et qui, dans la phrase suivante, s'écrie : « Et moi aussi je réprouve la peine de mort. *Q* » *homo plene omni fallaciâ et dolo !* ».

principe de beaucoup de désordres ». A l'instant, tous les Députés se lèvent et jurent d'exercer et de combattre à jamais la royauté.

Grégoire continue : « les Rois sont en moral ce que les monstres sont en physique ; les cours sont toujours les foyers de la corruption et l'atelier des forfaits. Il faut les proscrire ; et la Convention nationale doit faire de cette abolition une des bases de la constitution qu'elle présentera au Peuple français ».

Enfin, à la séance du 15 novembre, l'abbé Grégoire déclarait honteuse pour notre histoire, et funeste pour notre bonheur, l'époque où des esclaves timides et d'infâmes intrigans établirent l'inviolabilité du roi.... *Eh! s'écriait-il, quelle ame est plus féconde en atrocités que celle d'un roi?* Il méritait, sans doute, de présider cette séance, et le fauteuil lui fut cédé par Hérault de Séchelles.

Que l'on juge maintenant, d'après ses discours à la tribune, et ses opinions auxquelles il tient encore aujourd'hui *d'esprit et de cœur*, celui qui, lorsque la France élève par-tout des autels et offre des sacrifices expiatoires, ose lui dire : vous avez assassiné votre roi ; je m'en lave les mains : ai-je prononcé la sentence de mort? Je vous ai renvoyé à votre Code pénal ; je vous ai dit de vous hâter de le juger vous-mêmes, et de le condamner, si vous vouliez ne pas périr victimes de ses trahisons et de sa perfidie. Prévenez, vous ai-je dit, les dangers qui vous menacent, si vous ne précipitez son jugement: voyez ce que vous avez à faire dans votre propre intérêt. *Vos videritis; et secundum legem vestram judicate eum.*

Innocens ego sum a sanguine ejus. Le vieux de la montagne était donc aussi innocent du sang des Souverains immolés par le fer sacrilége de ses Sicaires dont il exaltait le cerveau, et qui obéissaient servilement et aveuglément à ses ordres régicides ! Ah ! combien grand est le nombre des régicides de la Convention, qui ne furent déterminés à voter la mort de Louis XVI que par le discours de Grégoire, à la séance du 15 novembre 1792 ! Tout, idées, principes, expressions, réticences, tout y tend à inspirer la haine, la fureur, la vengeance. Dans l'esprit de ce discours assassin, Louis XVI ne doit conserver la vie que comme un plus long et plus affreux supplice. La Convention en apprécia tellement le mérite, et pressentit si bien l'influence qu'il devait avoir, qu'on ne manqua pas d'en décréter l'impression ; et ce fut l'apostat Grégoire qui condamna son Roi à mort par l'organe d'une partie des membres de la Convention : tous étaient animés de son esprit et imbus de ses maximes.

Au moins Judas, voyant que son divin maître qu'il avait trahi et livré à ses ennemis par une détestable avarice, pour une somme de trente deniers, allait être condamné, ou plutôt l'était déjà, ne se contenta pas de sophistiquer philosophiquement sur le genre de supplice ; et, au lieu d'en suggérer à ses juges un qu'il crût plus cruel que la mort, il reconnut et publia l'innocence de celui qu'il avait accusé, confessa publiquement l'infame et impie trahison dont il était coupable ; et dans son repentir tardif, il restitua le prix du sang innocent et alla se pendre. *Judas autem videns quod damnatus esset (Jesus), pœnitentiâ ductus retulit trigenta argenteos*

principibus sacerdotum et senioribus dicens :
peccavi tradens sanguinem justum.... et pro-
jectis argenteis in Templo recessit , et abiens
laqueo se suspendit.

Comme vous, Grégoire, Judas avait trahi et livré son maître ; il n'avait pas porté l'arrêt de mort ; il ne l'avait pas même prévu comme vous. Pourquoi un nouvel Ambroise n'eut-il pas le courage de vous dire, lorsqu'il en était encore temps : *si secutus es errantem, sequere pœni-tentem ?* Et pourquoi n'eûtes-vous pas le mérite d'imiter votre modèle, jusqu'au dernier acte de son désespoir *exclusivement ? Nolo mortem pec-catoris, sed ut convertatur et vivat.* Renonçant comme Judas , au prix du sang innocent , vous dépouillant de vos dignités qui en portent l'empreinte infamante , sans attendre qu'on vous arrache la toge sénatoriale qui perpétue le souvenir de vos crimes, la trahison, l'apostasie et le régicide ; plus heureux que lui, vous eussiez pu obtenir miséricorde de la clémence divine, comme vous recevez, quoique pécheur opiniâtre et endurci, un pardon généreux de l'indulgence des Bourbons (1).

____

(1) Ce fanfaron de républicanisme ne néglige aucuns moyens, pas même les plus minutieux et les plus petits en apparence, pour extirper de l'esprit des Français ce qu'il appelle l'*idolâtrie de la royauté.* Dans toutes les Nations policées , le respect pour les choses et pour les personnes auxquelles est attachée une considération ou une vénération particulière, a introduit l'usage des lettres initiales majuscules dans les mots qui les désignent, et cet usage est devenu une règle de grammaire. Eh bien ! le citoyen Grégoire, ne pouvant faire disparaître du langage reçu les mots de *Royaume, Royauté, Roi, Empereur.....* qui sont à ses yeux des talismans dangereux, propres à

O BSERVATION GÉNÉRALE *qui peut servir d'appendice.* — Il est une vérité incontestable , un principe certain ; c'est que les premiers et très-véritables auteurs de la mort du Roi , décrétée le 19 janvier 1793 , ce sont, sans exception, tous les membres de la Convention qui ont déclaré Louis XVI coupable, d'après l'acte d'accusation rédigé par Barbaroux , et lu à la séance du 11 décembre 1792.

Dans les principes de la Convention, si Louis est jugeable, si elle a droit de s'ériger en tribunal, pour prononcer son jugement, s'il est jugé et déclaré coupable des crimes dont il est accusé, dès-lors il n'y a plus qu'inconséquence et absurdité à ne pas prononcer la peine portée dans le Code : *secundùm legem nostram debet mori*, deviez-vous tous crier ; c'est la règle qui doit décider le sort de l'accusé *déclaré coupable ;* les juges n'ont pas le droit de la déterminer à volonté.

---

perpétuer l'avilissement des peuples et l'amour de l'esclavage, est, en attendant mieux, très-attentif à les mutiler, à les réduire à l'égalité et au niveau commun ; jamais il ne permet à leur tête orgueilleuse de s'élever au-dessus des autres. Ainsi vous verrez par-tout les lettres initiales majuscules de ces mots remplacées dans ses ouvrages par les lettres ordinaires, plus bourgeoises, et affectant moins la suprématie ; tandis que la tête des républiques et du peuple souverain s'élève fastueusement au-dessus de tout, avec une pompe qui annonce la majesté devant laquelle tout doit se prosterner et s'anéantir : roi, royaume, royauté, empereur, empire....... peuple, république. C'est ainsi que, dans une grande entreprise, un homme habile ne néglige rien pour en assurer le succès. Voyez le discours du 15 novembre 1792 ; les ruines de Port-Royal..... Et voilà comme le frère et ami Grégoire est grand , jusque dans les plus petites choses ; par-tout il fait remarquer l'empreinte de son génie !

Que les malheureux Français qui ont voté et signé ce funeste et criminel décret, qui déclare Louis XVI coupable d'attentat contre la liberté, et de conspiration contre la sûreté générale de l'Etat, cessent donc de se croire et de se dire innocens ; tous sont coupables de sa mort : qu'ils se condamnent à un éternel repentir !

Et puis, quel raisonnement ! quelle justification ! quel pitoyable moyen de défense ! Qu'une troupe de scélérats soit traînée devant les tribunaux, accusée d'une effroyable multitude de crimes ; de vols, de concussions, d'assassinats, d'envahissement et d'abus d'autorité, d'usurpation des pouvoirs du Souverain et de la Nation, de sacriléges et d'impiété, du renversement du trône et de l'autel, enfin du plus grand des forfaits, d'un impie régicide. Croyez-vous que tous, et chacun en particulier, ces insignes coupables, n'ayant à faire valoir, pour leur justification, que cette défense, commune à tous peut-être, et dont vous vous parez avec une si impudente arrogance : *non omnia commisimus omnes.*

Croyez-vous qu'ils soient renvoyés absous, ou qu'il leur reste l'espoir de l'être au tribunal équitable de l'incorruptible postérité ? Mais déjà ses hérauts paraissent, votre arrêt en main ; tremblez : les siècles se sont pressés ; elle avance à grands pas ; nous venons de franchir un espace immense ; *et c'est vous, malheureux, qui êtes condamnés à l'existence.*

Pendant la discussion du procès du Roi, dit Fantin-des-Odoarts, Hist. de la Révol., les tribunes, presque exclusivement composées de jacobins et de cordeliers, couvraient d'applau-

(17)

dissemens les orateurs dont les opinions se rap--
prochaient de celle de Grégoire, et recevaient
avec des huées tous les projets qui tendaient à
éloigner la mort du Roi. Ces huées étaient bien
faites pour consoler Grégoire de celles auxquelles
il fut si sensible, lorsqu'il s'opposa de tous ses
moyens à la déclaration de l'inviolabilité du Roi.
C'est toujours un argument en faveur de l'absurde système des compensations du Pangloss
moderne, qui ne connaît, dans l'univers, que
deux grands hommes, Bonaparte et lui : moi,
dit-il en pleine Académie, pour les conceptions,
et mon illustre pendant pour l'exécution !

Pour détourner l'attention publique du véritable état de la question qu'il a lui-même l'aveugle
imprudence d'agiter, l'abbé Grégoire, membre
de la Convention de 1793, s'efforce de se faire
envisager sous un autre aspect : il vante, comme
un acte d'héroïsme religieux et de vertu sublime,
le courage avec lequel il a refusé d'abjurer publiquement le sacerdoce, que, depuis plusieurs an-
nées, il déshonorait, en opposition à ses collègues
restés fidèles à leur souverain et au catholicisme,
dans le sein de l'Eglise romaine, réunis à son
vénérable chef, le souverain pontife Pie VI d'heu-
reuse et sainte mémoire. Mais, sans renier le
caractère sacré du sacerdoce, et consommer ainsi
son apostasie, ne devait-il pas s'en reconnaître et
s'en déclarer indigne, et dès-lors s'en interdire
toutes les fonctions jusqu'après *la rétraction ex-
presse de ses erreurs*, la réparation de ses scan--
dales et l'absolution des censures accumulées sur
sa tête ?

Loin de ce retour à l'unité et à la religion,
opiniâtre dans ses erreurs et dans l'esprit de

schisme , dans tous ses écrits et jusques dans quelques lignes qu'il vient de mettre en tête d'une trosisième et quatrième édition de son fatras républico-jacobin sur le projet de constitution , si impertinemment proposé par quelques membres du ci-devant Sénat français , l'ex-curé d'Embermesnil , soi-disant ancien évêque de Blois , où il n'eut jamais ni titre , ni jurisdiction , persiste à vouloir justifier le serment proposé à l'Eglise gallicane en 1791 , et condamné par le Chef et l'unanimité des pasteurs de l'Eglise catholique.

« Rétracté! s'écriait-il en 1801 : ce nom imprime une tache ineffaçable à l'espèce d'hommes la plus méprisable dans tous les temps... » Il ignore sans doute que c'est au refus de rétractation que S. Augustin attache le sceau de la réprobation : *errare humanum est, perseverare diabolicum.*

« Celui qui parlerait de rétractation (Lett. de Grég. à un citoyen de Blois), serait à coup sûr un contre-révolutionnaire qui tenterait de rallumer les brandons de la guerre civile.... (1). Il n'y a que des factieux qui puissent demander la rétractation des sermens prêtés par le clergé constitutionnel ; il n'y a que des imbécilles qui puissent la faire : tenez cela pour maxime. »

« Dans le bref que vous m'adressez (Lett. de Grég. à M. Spina, nonce du Pape, 6 oct. 1801), *les évêques titulaires sont regardés* (par le Pape) *comme étant hors de l'unité,* parce qu'ils ont reçu l'institution canonique de leurs métropoli-

____

(1) La voilà faite en 1814, cette contre-révolution, sans factions , sans complots, sans guerre civile , à la grande satisfaction de tous les vrais Français !

tains, et non du S. Siége ; c'est-à-dire en d'autres termes, que, pendant dix à douze siècles, il n'y a eu dans l'Eglise que de faux évêques » (1).

Dans ses derniers ouvrages, possédé de la fureur d'écrire, le curé d'Embermesnil est toujours animé du même esprit. «Remercions, dit-il, dans l'*Histoire des Sectes religieuses*, remercions les écrivains courageux qui ont dévoilé le scandale et poursuivi le crime au pied du trône ou dans le sanctuaire ; ils ont démasqué *la conspiration sacrilége des potentats et de ce haut clergé* si souvent complice de la tyrannie. A l'aspect des sociétés politiques, *si souvent* gouvernées par l'ineptie, l'ignorance et le crime, les illuminés d'Allemagne ou de Bavière conçurent le projet, *très-louable assurément*, de former une *confédération*, dont l'ascendant pût amener un meilleur ordre de choses, et substituer au moins quelquefois la vertu éclairée au *vice stupide et triomphant* » (2).

Dans *les ruines de Port-Royal*, le citoyen Grégoire se complaît à désigner le peuple sous la qualification de *souverain détrôné*..... Mais « la souveraineté du peuple, source unique de la » puissance qu'il donne et reprend à son gré, est

---

(1) Puisqu'on ne peut pas supposer ici au docteur Grégoire la plus profonde, la plus crasse ignorance, on est forcé d'y reconnaître la plus insigne mauvaise foi. Triste pronostic de sa véracité dans l'histoire qu'il prépare et qu'il annonce depuis long-temps, des faits relatifs à la religion, depuis l'origine de la révolution de 1789.

(2) Presque toutes les régions de la terre ont goûté les avantages précieux de cette sage et salutaire confédération, et ont recueilli les fruits de ses utiles travaux : elles peuvent aujourd'hui en apprécier les résultats pour le bien de l'humanité.

(20)

» une maxime anti-sociale, inventée par les fac-
» tieux pour détruire et pour usurper; réprouvée
» par ces mêmes factieux, pour conserver et assu-
» rer le succès et les fruits de leurs complots; tou-
» jours funeste à la multitude qu'elle flatte, éblouit
» et entraîne; justement en horreur à tous les
» gens de bien, qui en découvrent les dangereuses
» conséquences et les résultats désastreux ».

Que, pour son bonheur et pour la tranquillité
de l'Europe, le Peuple français reste donc à jamais détrôné (style grégorien) sous le juste, le
bienfaisant, l'aimable empire des lys !

Il me reste à faire au citoyen Grégoire deux
complimens, à la sincérité desquels il peut croire :
et d'abord je dois le féliciter sur ce que Sa Majesté
vient de voir doubler sa portion de souveraineté.
Ci-devant dans l'Empire français, qui n'était pas
moins populaire dans le fond que dans la forme,
cette portion n'était pour lui qu'environ $\frac{1}{40000000}$;
aujourd'hui, il n'est guères moins de $\frac{1}{20000000}$ de
roi. S'il a un jour la satisfaction de voir la population du territoire français réduite à deux têtes,
lui compris, ils seront chacun une moitié de roi,
l'un à l'égard de l'autre, et réunis, formeront un
roi tout entier, auquel ils seront tous deux soumis.
Mais, en second lieu, je dois au citoyen roi un
compliment de condoléance sur la diminution de
population dans ses Etats : la voilà tout-à-coup
diminuée de moitié par le traité de paix du 3o
mai 1814, et ses droits et prérogatives suprêmes
ne s'étendent plus que sur vingt millions de sujets
environ. Certain philosophe appelle cela une juste
et consolante *compensation*, d'où résulte le plus
parfait système universel : *tout est pour le mieux.*

Mon cher Grégoire II, consolez-vous et soyez content ;

.... J'ai fait le plus beau rêve !
Dame, c'est que j'étais maître d'un grand Empire !
J'allais, en me carrant, les poings sur le côté ;
Et la couronne a su si bien m'affriander,
Qu'à la fin, je me suis laissé persuader.

....

Avec mon rêve, hélas ! me voilà bien chanceux :
Je croyais être duc (et pair) ; et fiez-vous aux songes !
Pargoi, l'on dit bien vrai, que ce sont des mensonges.

Cependant il y a dans votre règne, citoyen Grégoire, quelque chose de réel et de très-sérieux ; c'est que,

« De vos fameux exploits, il faudra rendre compte :
» Votre gloire sera peut-être à votre honte. »
(Le faux duc de Bourgogne, ou Grégoire I.)

Et voilà les inconvéniens de la grandeur !

Adieu, monsieur Grégoire ; républicain de cœur et d'esprit, que faites-vous encore en France ? Il n'y reste de républicanisme, dans votre sens, que dans quelques esprits faux, dans quelques têtes exaltées, ou dans des cœurs corrompus. Il en est temps ; cessez de troubler la Monarchie française. Rassise sur ses bases antiques, et consolidée par la religion sur les ruines de Port-Royal, objet de vos plus tendres affections et de vos éternels regrets, elle fera le bonheur d'une Nation *idolâtre de ses Rois*, et ferait votre tourment........

Partez, Grégoire ; ici que rien ne vous arrête :
Puisse un lointain climat rafraîchir votre tête !
Allez chercher fortune ailleurs.

Christianus mihi nomen est, Catholicus cognomen,
Et re et nomine Francus.

E. P. R. B.